El barco que estrenó el Canal de Panamá

The Ship that opened the Panama Canal

Pat Alvarado

*Ilustraciones * Illustrations*
Silvia Fernández-Risco

cuento bilingüe
español * inglés

bilingual story
Spanish * English

Copyright © Patricia Veazey Alvarado
Ilustrations © Silvia Fernández-Risco

Aprobado por el Ministerio de Educación de Panamá
Approved by Panama's Ministry of Education
Todos los derechos reservados. All rights reserved.

978-9962-629-44-3, versión bilingüe, tapa suave: español - inglés
978-9962-629-56-6, versión trilingüe, tapa suave: francés - español - inglés
978-9962-690-14-6, versión trilingüe, tapa dura: francés - español - inglés

808.068
   AL76   Alvarado, Patricia V.
            El barco que estrenó el Canal de Panamá = The Ship That Opened
The Panama Canal / Pat Alvarado; ilustraciones Silvia Fernández-Risco;
Editor Literario Isolda De León. – 2a. ed. – Panamá : Piggy Press, 2013.
      28p. ; 26 cm.

      ISBN 978-9962-690-65-8 (tapa dura, español - inglés)

    1. LITERATURA INFANTIL PANAMEÑA-CUENTOS
    2. CUENTOS INFANTILES PANAMEÑOS
    3. LITERATURA INFANTIL
    4. CANAL DE PANAMÁ   I. Título.

Piggy Press Books
info@piggypress.com
www.piggypress.com

Dedicado a todos los que contribuyeron a esta magnífica obra.

Dedicated to all who contributed to this magnificent work.

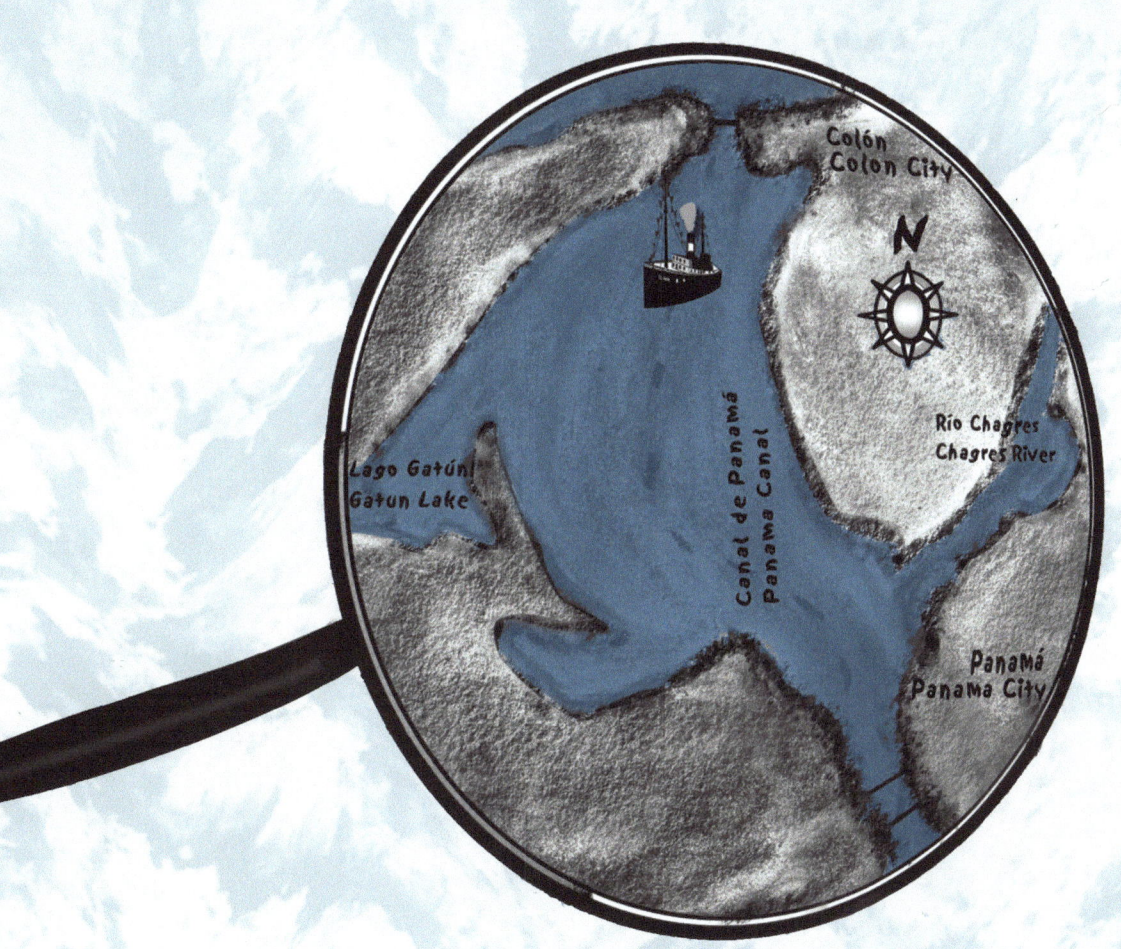

El 15 de agosto de 1914, cuatrocientos un años desde que Balboa y sus hombres cortaran un pasaje por el Darién, el S.S. Ancón cruzó el Istmo de Panamá del océano Atlántico al Pacífico. La selva densa, sin embargo, no impidió su viaje porque más de mil millones de galones de agua lo harían navegar por el nuevo Canal de Panamá.

El viaje tomó un poco más de nueve horas con cuarenta minutos y todo marchó viento en popa. Aquí están los detalles de ese viaje histórico.

On August 15, 1914, four hundred one years since Balboa and his men cut their way through the Darien, the S.S. Ancon crossed the Isthmus of Panama from the Atlantic to the Pacific Ocean. Dense jungle, however, did not impede her progress because billions of gallons of water would float the Ancon through the newly opened Panama Canal.

The trip took just over nine hours and forty minutes, and she did it without a hitch. Here are the details of that historic voyage.

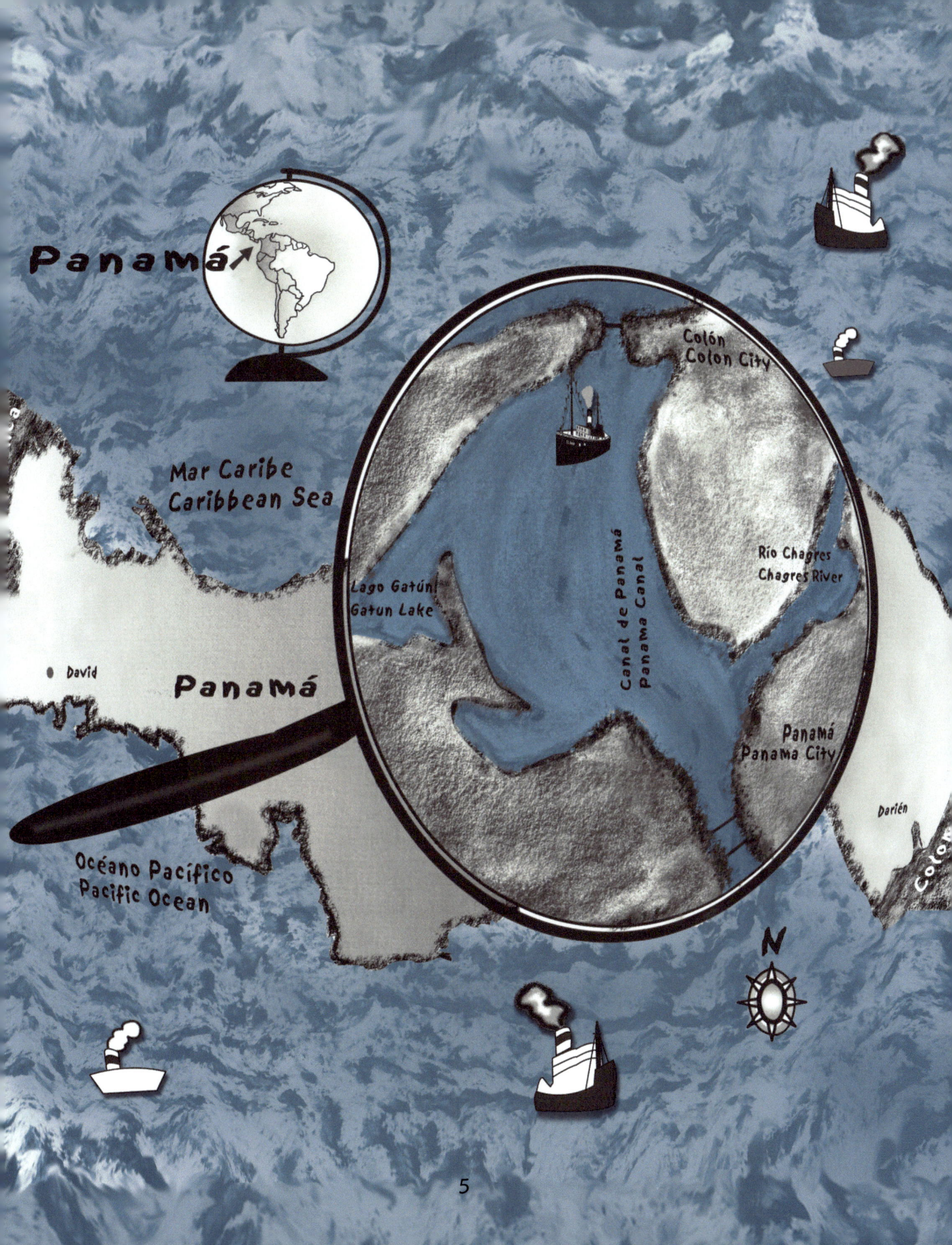

    Ese día tan importante, el sol brillaba fuertemente sobre la cubierta cepillada y reluciente del pequeño barco de vapor, y el olor de lodo fresco y soga enrollada se mezcló con el aire pegajoso. Por suerte, no llovía.
    El capitán señaló al primer oficial, y el primer oficial sonó el silbato. Las máquinas comenzaron ruidosamente mientras los estibadores se apresuraron a soltar las amarras.

    On the big day, the sun glared down on the scrubbed and shining deck of the little steamship, and smells of fresh mud and coiled rope mingled in the sticky air. It wasn't raining for a change.
    The captain signaled the first mate, and the first mate sounded the whistle. The engines rumbled while stevedores scrambled to untie the moorings.

El S.S. Ancón maniobró lentamente desde el Muelle 9 en el Puerto de Cristóbal y entró al canal dando resoplidos.

Eran casi las 7:10 de la mañana cuando el pequeño barco de vapor avanzó hacia la entrada del Canal del lado Atlántico. Esta vez no cargaba su carga usual de concreto y sería recordado por este viaje histórico.

Slowly the S.S. Ancon maneuvered from Dock 9 at Cristobal Harbor and chugged into the channel.

It was nearly 7:10 in the morning when the little steamer etched her way toward the Atlantic entrance to the Canal. This time she wasn't carrying her usual cargo of cement, and she would be remembered for this historic voyage.

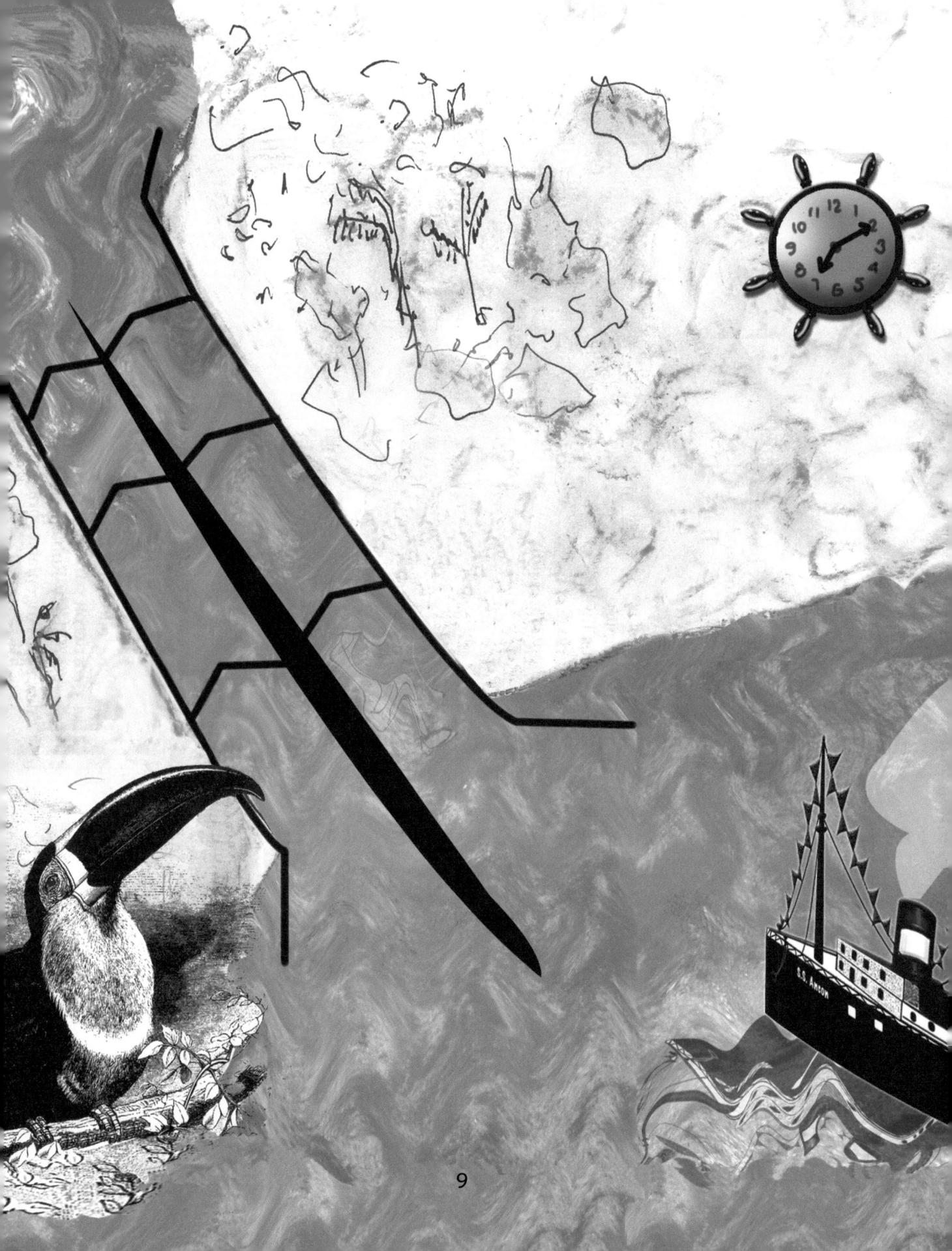

A las 8:00 a.m., el Ancón maniobró hacia las esclusas de Gatún, y unas mulas eléctricas lo engancharon y lo guiaron entre los macizos y blancos muros laterales.

At 8:00 a.m., the Ancon maneuvered her way into Gatun Locks, and electric mules latched on and guided her through the massive white walls.

Una hora y quince minutos después, el Ancón entró a todo vapor al lago Gatún a ochenta y cinco pies sobre el nivel del mar. Zigzagueó a través de 164 millas de bosques y tierras bajas inundadas siguiendo la doble línea de faros que desperdigaba el canal.

Pasó Barro Colorado a su derecha, luego Gamboa a su izquierda, saliendo del cauce viejo del Río Chagres.

An hour and fifteen minutes later, the Ancon steamed into Gatun Lake at eighty-five feet above tide water. She weaved her way across 164 square miles of flooded forests and lowlands following the double guide-posts of lighthouses that dotted the channel.

She passed Barro Colorado on her right, then Gamboa on her left, leaving the old Chagres River channel.

    A las 11:15 a.m., el Ancón entró al Corte Culebra, el pasaje serpentino que atraviesa la línea divisoria continental.
    A pesar de la evidencia de los deslizamientos peligrosos, siguió adelante impertérrito entre los lados cercanos de la excavación de ocho millas, y pasó el Deslizamiento de Cucaracha a las 12:20 p.m.

    At 11:15 a.m. the Ancon entered Culebra Cut, the snake-like passage that slices the Continental Divide.
    Undaunted by the evidence of treacherous slides, she skirted the close walls of the eight-mile excavation, and passed Cucaracha Slide at 12:20 p.m.

En Pedro Miguel, el segundo juego de esclusas, bajó a cincuenta y cuatro pies sobre el nivel del mar en veintitrés minutos.

Cuando se abrieron las puertas, se deslizó a través del Lago Miraflores y cruzó las dos millas hacia las esclusas de Miraflores, el último juego en este viaje histórico.

At Pedro Miguel, the second set of locks, she descended to fifty-four feet above tide water in twenty-three minutes.

When the gates opened, she glided into Miraflores Lake and crossed its two miles toward Miraflores Locks, the last set on this historic voyage.

Cuando el Ancón salió de las cámaras inferiores y entró al canal, eran las 3:20 p.m. Los pantanos de Diablo estaban a su izquierda. El aire era pesado, y sus doscientos pasajeros saludaban a los espectadores que aplaudían la travesía del S.S. Ancón por el Canal.

By the time the Ancon emerged from the lower chambers and entered the sea channel, it was 3:20 p.m. The Diablo swamps were on her left. The air was muggy, and her two hundred passengers waved to the cheering spectators along the route.

Cuarenta minutos después, el excargador de concreto se acercó al puerto de Balboa.

El cerro Ancón surgió imponente a su izquierda. No había puente, solamente un canal abierto salpicado con tres pequeñas islas, cada una con sus faldas hechas de las excavaciones del Corte Culebra.

Forty minutes later the ex-concrete-hauler approached the port of Balboa.

Ancon Hill loomed high on her left. There was no bridge, only a wide-open channel dotted with three small islands, each flanked by the spoils of the excavations from Culebra Cut.

El S.S. Ancón entró a todo vapor más allá de los rompeolas, dio vuelta alrededor de cinco millas en la Bahía de Panamá y regresó a Balboa.

Eran un poco más de las 5:00 p.m. cuando echó anclas y depositó su carga: el Presidente de Panamá Belisario Porras y su gabinete, miembros del cuerpo diplomático de los Estados Unidos y los cónsules generales residentes, oficiales de la Décima Infantería y el Cuerpo de Artillería Costal de los Estados Unidos, y oficiales del Canal de Panamá.

The S.S. Ancon steamed her way beyond the break-waters, turned around five miles out into the Bay of Panama and headed back to Balboa.

It was a little after 5:00 p.m. when she dropped anchor and deposited her cargo: Panama's President Belisario Porras and his Cabinet, members of the United States Diplomatic Corps and resident consuls-general, officers of the United States Tenth Infantry and Coast Artillery Corps, and officials of the Panama Canal.

En el Registro del Canal aparece:

El Ancón en su primer viaje por el Canal transportó una cantidad de carga para entregar en Balboa. Regresará al lado Atlántico el domingo, 23 de agosto, y navegará en su viaje a Nueva York el lunes, 24 de agosto.

Y así fue: el S.S. Ancón, el carguero de concreto, entró exitosamente y con orgullo en la historia con el primer tránsito oficial del Canal de Panamá.

The Canal Record states,

The Ancon on its first trip through the Canal carried a quantity of cargo for delivery at Balboa. It will return to the Atlantic side on Sunday, August 23, and will sail on its voyage to New York on Monday, August 24.

And here you have it: the S.S. Ancon, the concrete hauler, proudly and successfully made history with the first official transit of the Panama Canal.

Datos interesantes sobre el S.S. Ancón. ¿Sabías que?

*El S.S. Ancón tuvo un gemelo llamado el S.S. Cristóbal. Sus nombres originales eran el Shawmut y el Tremont.

*La Compañía Maryland Steel construyó los dos barcos igualitos.

*La Compañía Boston Steamship los compró y los utilizó como mercantiles en el Puget Sound y el Oriente.

*El gobierno de los Estados Unidos los compró en 1909 para cargar cemento durante la fase de construcción de las esclusas del Canal.

*Cambiaron los nombres de ambos vapores. El Shawmut se cambió a Ancón y el Tremont se cambió a Cristóbal.

*El Cristóbal hizo un tránsito oficioso once días antes del Ancón.

Interesting Facts about the S.S. Ancon. Did you know?

*The S.S. Ancon had a twin called the S.S. Cristobal. Their original names were the Shawmut and the Tremont.

*The Maryland Steel Company built both of them exactly alike.

*The Boston Steamship Company bought them and used them in trade on Puget Sound and in the Orient.

*The United States government purchased them in 1909 to haul cement during the Canal Lock construction period.

*Both steamers changed their names. The Shawmut became the Ancon, and the Tremont became the Cristobal.

*The Cristobal made an unofficial transit eleven days before the Ancon.

La ilustradora * The Illustrator

Silvia Fernández-Risco

La autora * The Author

Pat Alvarado

Silvia es mexicana pero, desde el año 2000, radica en Panamá con su esposo. Se adaptó rápidamente a este país, aunque al principio extrañaba los tacos y las quesadillas. Le encanta escribir y diseñar libros.

Silvia is Mexican, but she moved to Panama with her husband in 2000. At first she missed the tacos and quesadillas, but she quickly adapted to the country. She loves to write and design books.

Pat es oriunda de Abbeville, Luisiana, donde reinan los pantanos y los bayous; pero es en Panamá, el paraíso tropical, donde vive con su esposo, su gata y su perro callejero.

Pat is a native of Abbeville, Louisiana, where swamps and bayous reign; but it is in Panama, the tropical paradise, where she lives with her husband, their cat and their mutt.

Si quieres saber más sobre el Canal de Panamá,
visita www.pancanal.com.

If you want to know more about the Panama Canal,
visit www.pancanal.com.

¡Nos encanta leer!
We love to read!

A Piggy Press Book
info@piggypress.com
www.piggypress.com

www.ingramcontent.com/pod-product-compliance
Lightning Source LLC
Chambersburg PA
CBHW041934160426
42813CB00103B/2940